Poemas de Amor y Muerte

Vamos por la vida como navegando, disfrutando la calma, sorteando tormentas, Luchamos por nuestros sueños, seguimos adelante, a veces sucede que queda un sueño atrás, sin realizar, olvidado tal vez, se sumerge en aguas profundas hasta que parece extinguido, pero ahí está esperando el día para emerger, ese día para mi sueño Es hoy, y mi sueño es “POEMAS DE AMOR Y MUERTE”.

Por mi madre, a quien siempre le gusto mi trabajo desde que aprendí a escribir,
Por mi padre que no creía en esta profesión pero le encantaba leer,
Por mis hermanas que nos inculcaron a mi hermano y a mí el amor a las letras.

Gracias a mi esposo, mis hijos, mis nietos por su apoyo, inspiración y paciencia.

Gracias a mis amigos por las porras.

Gracias a quien lea estas letras por darle valor a mi trabajo.

Aquí les dejo una vida
Para quien quiera leerla
Empieza en siete renglones
Y siguen miles de letras...
Si muero, muero tranquila
Con esta deuda saldada,
No hay sílabas contadas
Ni rima que no sea mía.

“7 Renglones”

Y que es la vida,

Sino un permanente

Perfume de rosas

Un continuo clavarse

Las espinas

Y un incansable desfile

De llantos y risas.

“Escribiré un libro,

Quizá solo una página,

No importa

Es mi universo.”

" Y yo que quería escribir
un poema,
y yo que quería componer
unos versos,
y tan solo deje pintados
en palabras mis sentimientos"

"Deuda Saldada"

Si muero mañana
Sé que un árbol planté
En la tierra.
Si muero mañana
Dejo palabras escritas
De mi puño y letra.
También dejo
Para el planeta
Un ángel que el cielo
Mando a mis entrañas.
Así que si muero mañana
Recuerda vida
Tenemos deuda saldada.

"Mi muerte"

Traerá cosas gratas mi muerte,
Habrá reunión familiar,
Tal vez la presencia
De algún pariente
Del que solo me escucharan hablar.
En el aire flotará esencia
De flores, rezos, y chistoretes.
Dirán cosas buenas de mí
Que en vida no mencionaran,
Y todo lo que viví
Quedará vuelto palabras.
Los vecinos preguntaran
¿Quién cuidará de sus flores?
Y los viejos amores
Recuerdos revivirán.

"Macabra y negra"

La playa luce serena,
El viento suave,
La luz tierna,
La veo venir,
Macabra y negra.
La veo, y no siento miedo,
Frío, frío si siento,
Y el frío de la muerte
Me parece bueno,
Con brazos abiertos
La espero.
Macabra y negra
El viento suave
La luz tierna.

"El camposanto"

El camposanto suena
A música seria,
Me acompañan
Esqueletos dormidos
En sombras eternas,
Y aquí sigo yo,
Esperando que aparezca
El alma que un día
Solo me dejó.
No hay gemidos
Ni luces extrañas,
No hay nada
Solo calma.

"Lánzame Al Viento"

Si siempre ando diciendo
"para mi la vida es viento
Y con alas la camino"
No te inquietes decidiendo
En donde entierras al muerto
¡Al viento lánzame amigo!
No me dejes compañero
En un sepulcro frío,
En una tumba inerte,
Donde un seco florero
Me acompañe en esta suerte,
Si me lanzas al viento amigo,
Me volveré tierra, me volveré río,
Entonces venceré a la muerte.

"A través de la ventana"

¿Para qué?
¿Para que ver la lluvia
Caer a través de la ventana
Si no mojo mis pies,
Si no bailo bajo el agua?

¿Para que ver el viento
Pasar entre las ramas,
Si no mueve mi cabello,
Si no mece mi falda?

Solo por vivir viviendo
Conteniendo el alma
Conteniendo el aliento.

A través de la ventana viendo
Conservo la calma
Contengo el sentimiento.

"Ayúdame"

Ayúdame con tu recuerdo
A soportar el dolor
De la muerte.
Ven y penetra en mi cerebro
Grábame tu imagen vivamente.
Ven no te vayas todavía
Deja aquí conmigo
Tú fuerza, tu energía,
Ven abrázame muy fuerte
Quédate otro día,
Y si te vas
Que sea suavemente...
No hagas caso por favor
A mi súplica inconsciente
Pues yo solo soy humana
Y en mi egoísmo madre
Quisiera retenerte,
Ve descansa ya
Que bien que lo mereces
Estarás por siempre aquí
En mi corazón, en mi mente.

"Cuando Mi Muerte"

No quiero cuando mi muerte
Que sea un día sereno,
Quiero una lluvia fuerte
Y truenos en el cielo.
Que se remuevan los vientos
Para que mesan tu pelo
Que el agua moje tu cara
Y el trueno grite secretos
Que solo tú y yo sabemos.

"No me gustan los zapatos"

Soy mujer y te asombra
Que no me gusten los zapatos,
Me gusta pisar la tierra,
Me gusta pisar el pasto.

Me gusta que en pleno invierno
El frío cale mis huesos,
Y en el brillante verano,
El suelo queme mis pasos.

Me siento libre, contenta,
Si siento los pies descalzos
Soy una con el planeta.

Me gustan mis pies descalzos
Y se bien que te asombra
Que no me gusten los zapatos.

"Bendita soledad"

Bendita soledad
Que traes a colación
Lo mejor de mis recuerdos.
Bendita soledad,
Escucho mi respiración,
Remueves mis adentros.
En plena oscuridad
Llenas la habitación
De fantasmas tan amados,
De pasajes, de vivencias,
De llamas apagadas,
De tiempos de inocencia.
Bendita soledad
Que me acompañas,
Y no sabe lo que dice
Quien diga que me dañas.

“La Pequeñita De Pies Descalzos”

La pequeñita de grandes ojos
Y pies descalzos
La de las calles de Guanajuato
Que recitaba sus letanías
Como un eterno canto de amor.
Cantos tradicionales
Historias de los balcones.
Esa es la niña de mis recuerdos
La muchachita que era un cuento.
Esa su vida de duro juego
Que la alejaba de los juguetes
Y la metía en las callecitas
Para ganarse uno o dos billetes
Por recitarle a los turistas
Sus letanías con sonsonete.

"Aquí Vienes"

Aquí vienes, aquí estas
Un soplo dentro del cuerpo
Un latido más
Un ser humano diferente
Un cerebro latente
Un corazón para amar.
Todo este enorme paquete
Está en un empaque pequeño
Guardado dentro del vientre,
Intangible como el viento
Y como el viento de fuerte.
Aquí vienes, aquí estas
Un soplo dentro del cuerpo,

"Tu Risa"

Un minuto de tu risa
Cambia el color de mi día.
Un minuto de tu risa
Me llena de alegría.

No hay nada que arruine
Mis horas después,
La rutina se disuelve
Como agua a mis pies.

Prefiero tu risa
Sobre toda canción,
Me vuelvo traviesa
Juega mi corazón.

La noche me llega tranquila,
Serena despierto,
La vida se pasa
Como un parpadeo.

Un minuto de tu risa
Cambia el color de mi día.
Un minuto de tu risa
Me llena de alegría.

"No Soy Yo"

Me pides que escriba un verso.
¿Cómo puedo escribirlo yo?
Son cosas que me dice el viento
Que va de paso y mi mano
Que es tan traviesa
Escribe lo que ha escuchado.
Me pides que escriba un verso
Yo se lo pido al sol.

“Murmullos Del Viento”

Aunque tú estés lejos
Con los ojos
Y el pensamiento
Yo te beso.
Una frágil caricia
Sobre tu pelo
Mágica ternura
Del firmamento.
Lo que tus labios
Gritan en silencio
Llega a mis oídos.
Como la suave brisa
Pero no eras tú, eran
Murmullos del viento.

“Cultivo Girasoles”

Cultivo girasoles porque
Alimentan las aves,
Adornan mi casa,
Cuando el viento los dobla
No se quebrantan.
Si la tormenta perturba
La noche callada
Con colores brillantes
Reciben el alba.
Persiguen el sol
Con singular alegría
Y en eso se basa
La razón de su vida.
En eso quisiera basar
La razón de la mía
No bajar la mirada
Que mi sol sea amar
Y sus rayos mi guía.

"Buscando Un Verso"

Desbordaré la poesía en un poema
Buscaré fantasías en algún lugar del universo
Diré cosas que pasan en la vida a diario
Terminaré con las palabras del diccionario.
Perseguiré los versos por todos mis sueños
Cabalgaré por el viento,
Gastaré de los poetas sus hermosas frases,
Convertiré en saetas las traviesas aves,
Desprenderé una estrella
Del firmamento, inventaré una ciencia
Del sentimiento,
Deshojaré con paciencia pétalo a pétalo
La rosa más bella que pueda encontrar
En busca de ese verso que te quiero dedicar.
En busca de esa mágica pluma
Que sepa descifrar
Qué fue lo que sintió mi alma
Cuando con mis ojos vio
Recorrer los tuyos
Las líneas de un poema mío.

"¿De donde?"

De donde quieren
Que saque los versos
Si mi piel no brilla
Sin sus besos?
Si hablo a la luna
Y responde silencios.
De donde quieren
Que saque los versos?
Si estoy viva,
Pero vivo de recuerdos,
Mil veces se repiten,
Como gotas, como ecos.

"Mujer de dos colores"

Contra viento y marea
Te levantas
Mujer de dos colores.
Color tierno y amable
Color con fuerza
De hombre.
Mujer de mano firme
Que no tiembla
Si acaricia.
Empiezas tu jornada
Con un beso cada día
Y con abrazos de niño
Sostienes la vida.

"Imagínese El Lector"

Imagínese el lector
O si acaso alguien escucha,
Una mesa no redonda
Una silla muy cuadrada
Una sala no desierta
Y plumas y papeles
Tirados y alborotados
Volando por dondequiera,
Una libreta abierta
Una pluma aquí en mi mano
Y palabras que juguetean
Y letras salta que salta
Acomodándose en un papel
Y frases y versos
Volando por todo el cuarto
Por toda la habitación
Olvidándose del tiempo
Entonando una canción
Y esa pluma aquí en mi mano
Que no para de escribir.
la mesa llena de libros
Y en un rincón apartado
Un cuaderno bien cuidado
Donde yo guardo mis versos
¿y mi pensamiento?
Ha ya volvió, ya está aquí
Volvamos a lo que estábamos,
Es que vuela a tantos lados
Ya no se que hacer con él,
¿Qué es esto?
Un poema entre comillas
Por...ya no sé porque razón,
¿Lo habré hecho yo?
Bien sigamos adelante,
Imagínese el lector
Una sala no vacía
Un cuarto lleno de sueños
Y frases y versos
Volando por toda la habitación
Imagínese el lector,
Imagine lo que quiera
Que mis versos y poemas
Por completo se los doy.

“Tal como eres”

Me gusta tal como eres
Con tu sonrisa de niño,
Más no acepto tu cariño
Pues no quiero sufrir
Con tus placeres.
Un solo amor te da miedo
Y a mi compartir no me gusta,
Hombre de mil mujeres
Complacerte yo?
¡Por Dios! ¡No sueñes!

“No Escribo”

“No escribo sílabas contadas
Ni frases rebuscadas
Escribo lo que a la razón
Le dicta el corazón.
Fantasía o realidad
Si los versos riman
Solo es casualidad.”

"Repite que me quieres"

Si mis ojos
no te distinguen
y mi mente
te está borrando
regresa a mí
recordando
los momentos felices.
Repíteme tú nombre,
dime mil veces
quien eres.
Repite que me quieres.
Aunque parezca
ausente,sin razón,
cantame aquella canción
que repetía constante.
Pon tu mano en mi
pecho y siente
mi corazón,
mientras escuches que late
estaré aquí
aunque creas
que estoy
en un Universo
distante.

"Al estar Escribiendo"

"Al estar escribiendo
Y dejarse llevar por la imaginación
El alma y la mano son uno
Con el corazón"

"Llenarme De Colores"

Hoy quisiera llenarme
De colores
Y en alta mar realizar un sueño
Llenaría mi barca
De corazones
Con tu nombre y el mío
Entrelazados
Pintaría un rojo corazón
Atravesado
Por una flecha que apuntara
Al cielo.
Hoy quisiera llenarme de colores
Poner a tus pies
Mi fantasía,
Hoy quisiera llenarte
De canciones
Y cantarte en un verso
Mi secreto
Hoy quisiera llenarte
De ilusiones
Dejar pasar el tiempo,
Hoy quisiera...
Hoy quisiera rebelarte
Que te quiero.

"Que Más Quisiera Yo"

Que más quisiera yo
Que poder inventarte
Una canción de cuna
Más linda que la luna
Y más brillante que el sol
Para iluminar tu carita
Cuando en la noche callada
Platiques con dios.

Que más quisiera yo
Que tenerte en mis brazos
Cada minuto del día
Que no te hiera la espina
Y la piedra no te haga caer.

Cuando levantes tu vuelo
Y sientas miedo al volar
Cantártela aquí en el suelo
Mientras te vuelvo a abrazar
Pero al llegar la mañana
Soltarte de nuevo al viento
Aunque duela por dentro
El miedo y la ansiedad.

Cuando te canse ese vuelo
Y no sepas donde parar
Vente que aquí de nuevo
Yo te volveré a cantar,
Con las sienes ya blancas
Con la vista cansada.
La voz un poco apagada
-tal vez-
Yo te volveré a arrullar.

Que más quisiera yo
Que ver tus sueños
Cumplidos
Con tanta felicidad
Que mis canciones de cuna
No tengas
Que recordar,
Que no necesites mis brazos
Ni descansar en mi arrullo
Que se convierta en mi orgullo
Tu libertad.

"Las Heridas"

Como duelen las heridas
que no ves,
cuando la tarde
empieza,
ahí, casi a las tres,
al terminar la rutina
la soledad
recuerdos trae.

Sangra la herida,
inunda el corazón
y la fe perdida.

"Extraña Tristeza Mía"

Ah, te preguntas
Quien construyó mi tristeza?
No es tristeza
Ni huella que deja el tiempo,
No es amor desengañado
Ni vieja historia de duelo,
Es más bien, ese romántico viento
Ese soplo de amor ligero
Ese canto que va sin dueño
Y se convierte en jilguero
Cuando despierta
Me vence el sueño,
Si, pero no el sueño ese
Que al cerrar los ojos
Se pierde el día
Sino ese otro, el de ojos abiertos,
El que te envuelve en fantasías
El que inventa mil alegrías
El que vaga a mundos
De extraño acento
Y extrae palabras
Al firmamento.

No, no es tristeza,
No es soledad de mi alma
Tampoco es melancolía.
No, no puede ser tristeza
Querer ser viento
Volar sin alas por el cielo
Tener la cabeza llena
De románticos sueños,
Querer ser nube
Que se vuelve lluvia,
Querer ser río
Que viaja al mar
Y no se queda estancado
En la pobre laguna.

No, no es tristeza
Leer un libro y sentirse autor
Dejar libre la imaginación
Sentirse música
Y ser canción!
Si, quizá es una
Extraña tristeza mía.

"La Poesía"

La poesía no se construye
Se cultiva en el campo de la vida
Como planta que crece
Al cuidado de un tierno
Jardinero."

“Después de Tí”

Después de Tí
el sol aún es fuego,
la vida se mueve
no escucha mi ruego.

Después de Tí
las parejas se aman,
las niñas suspiran,
mi alma se apaga.

Después de Tí
el río canta,hay estrellas,
las horas pasan
pero pasan lentas.

"He Soñado Una Niña"

He soñado una niña
Hermosa como el cielo
Son estrellas sus ojos
Y es la noche su pelo,
El dorado del sol
Acurrucado en su pecho
Y el azul en sus sueños
Revoloteándole dentro,
Una nube traviesa
Le cubre la piel
Y se mira tan suave
Tan tersa,
Que da miedo
Se vaya a romper.
Duermen en sus manos
Las mil caricias del viento
Si cierro los ojos
La veo
Y mi sueño se hace cierto.

"En Tu Día"

Te regalaría en este día
Algo que siempre has deseado
Como magia aparecería
Un sueño con mis manos.
Te regalaría en este día
Del mundo lo mejor
Pero del mundo nada es mío,
Ya se, te regalaré una flor.
Pero no de esas que deshace el viento
Te daré una flor de versos
Para que leas pétalo a pétalo
Solo palabras de amor.

"Cosas Que Me Pasan"

Quise escribir un soneto
Y me salió un cuarteto,
Pensaba escribir un cuarteto
Y escribí " 7 RENGLONES AL VIENTO "
Trate de hacer una epístola
Y me salió el soneto
Quise escribir en prosa
Y me salieron los versos
Hoy no quería escribir nada
Y aquí estoy.....ESCRIBIENDO

“No recuerdo”

No recuerdo la botella
pero si la copa,
recuerdo su piel
pero no
en qué momento
estorbaba la ropa.
Recuerdo el vuelo
pero no
el despegue.
¿Qué tanto afecta
la memoria
perderse en el
revuelo?
No recuerdo
si hubo beso
que rompiera
la cordura.
Recuerdo solamente
su brazo
ciñendo mi cintura.

"Te Amo"

El corazón habla más alto
Cuando los labios callan
En silencio es como salen
Los gritos del alma
Y para decir "te amo"
No se dice nada.

"No Existe El Pasado"

No existe el pasado,
Lo que un día fue
Está siempre en la mente,
Solo nos queda
Forjar el futuro,
Seremos pasado
Al segundo siguiente,
Y si el pasado no existe
Vivamos con fuerza
El momento presente.

"Llámame"

Cuando estés triste,
Cuando te sientas solo
Y a tu vida asome
La brillantez del invierno,
Cuando la gota luminosa
Jugando entretenida
De tus ojos trate
De escapar, llámame,
Juntaré entonces
Mi lágrima a la tuya,
Y la nube vaporosa
Que cubre nuestras almas
En lluvia convertida
Veremos que se va...
Soltaré entonces
Mi mano de tu mano
Y dejándote en silencio
Seremos dos en paz.

“Quedaste Solo”

Mientras yo ofrecía
Amor eterno y ser fiel,
Ella ofrecía su piel.
Mientras yo ofrecía
Caricias leves y una canción,
Ella abría las puertas
De su habitación.
Mientras yo bordaba
Un vestido blanco
Con perlas y cariño
Tú como un niño
Por dulce fácil
Te dejaste convencer.
No soy la misma de ayer,
Y no lo quiero ser.
Tu doble juego termina
Y me hace hasta reír
Pues muy solo te quedaste
Con ella que solo jugaba
Y yo que no sé compartir

“¿De qué sirve?”

¿De qué sirve que digas
Que aceptas mis amores
Si no compartes conmigo
Mis dudas y mis temores?
¿Si caminas a mi lado
Pero tus pasos siguen
Diferentes direcciones?
Te miro a los ojos,
Busco en tu mirada
Y no encuentro conexión
De mi alma con tu alma.
De qué sirve que entregue
A tus manos tanto amor
Si dices que sí y parece
Ajeno tu corazón.

"El Galán"

Con esa pinta de galán
Que encantaba a las muchachas
Te sentiste en buena racha
Y saliste a conquistar.
Te acercaste sonriendo
Con sonrisa de Don Juan
Tus amores presumiendo
Queriendo impresionar.
Abusaste de tu suerte
Pues las redes que tiraste
Las tiraste en mal lugar.
A esa pinta de galán
A ese porte tan seguro
Le di un golpe
Hacia el orgullo
Que hasta la fecha de hoy
No ha podido sanar.

"Gran oferta"

No se pierda gran oferta,
Vendo anillo de oro
A precio de papel,
Limpiecito de recuerdos,
Con lágrimas pulido
Renovado con olvido,
Listo para ser
Representante de otro amor.
Más informes aquí,
Con esta alma de nuevo
Enamorada
Que no quiere en su alhajero
Esta prenda
Para otros tan preciada,
Para mi esta devaluada,
¡Aproveche Promoción!

"Ay amor como dueles"

Ay amor como dueles
Cuando de golpe
Te mueres.
Ay amor como hieres
Cuando las noches se alargan,
Cuando los días se pierden.
Ay amor eres el primero
En iniciar esta marcha,
Ay amor eres el primero
En dejar esta mancha,
Mancha de dolor y fuego.
No queda nada entre dos
Cuando el amor se murió,
Porque un amor muy fuerte
Se rompe de forma igual
Que acaban hechos pedazos
El amor y la amistad.

"Los Poetas y Yo"

Lope de Vega para un soneto
Para el hogar Juan de Dios Peza
Para romántico Amado Nervo
Describir paisajes Neruda
Para la lucha Sor Juana
Bécquer para rimar
José Martí para ternura
Y yo aquí para soñar.

"Mi Niño"

Mi niño quiere atrapar
La luna con sus manitas
Y no sabe
Que al pararse de puntitas
Atrapa mi corazón.
Mi niño quiere apagar
El sol para mi descanso
Y no sabe
Que cuando busca los botoncitos
Enciende mi imaginación.
Un apagador dentro del alma
Alcanzaste con tus deditos
Y se ilumina todo
Mi cuerpo
Cuando me buscas
Con tus ojitos.

"Historias en mi Piel"

No son arrugas,
No son canas,
Ni siquiera son ganas
De lo que no fue,
Son simplemente
Historias en mi piel.
Si fueran letras,
Si fueran frases
Sería entretenido
De leer,
Pero ni siquiera
Son tatuajes,
Son historias
en mi piel.

"Los Duraznos Resplandecen"

Me asomo a la ventana
los duraznos resplandecen,
una taza de café en mi mano,
giro mi cabeza a la habitación,
los niños ríen
y los olores se mezclan
entre guisos y las flores.
Veo de nuevo la ventana,
los duraznos resplandecen
una taza de café en mi mano,
giro mi cabeza hacia la habitación
y el silencio me ensordece
me miro al espejo
y no me reconozco
hay canas en mi pelo
y arrugas en mi frente.
¿Qué ha pasado con el tiempo?
Busco los años perdidos
Por los rincones
Y solo encuentro recuerdos
Agolpados a montones.
Hay fotos nuevas en las paredes
Niños, bodas
Y algunos moños negros tienen.
Los que se han ido me duelen
A los que quedan los amo.
¿Qué me queda? Muerte amiga,
¿Esperar me lleves de tu mano?
Me asomo a la ventana
Decido mejor abrir la puerta
Salir, respirar, vivir.
Dejaré de hundir iniciativas
En las macetas
Me hago cargo de mis días
De mis metas
Me muevo, camino
Y afuera, los duraznos resplandecen.

"Sabor A Nuevo"

Porque tengo
En la piel y los labios
Ese sabor a juventud,
Sabor a lo nuevo de la vida
A viento fresco
A brisa suave,
Porque me siento ave
Volando en tierra
Porque no hay libertad
Comparada con esta,
Lucharé hasta la muerte
Por el ideal que tengo,
Guerra sin armas de fuego
Lucharé como lucha el cielo
Por el resplandor que tiene.

"TECATE"

Pedacito de tierra
Pedacito de patria
Norteña
Rinconcito escondido
En la sierra.

Tu suelo me dio cabida
Siendo de tierra extraña
Ahora me siento nativa
Nacida de tus entrañas

El Cuchuma legendario
Guardián de una gran leyenda
Anuncia tu cercanía
Al viajero
De donde venga.

Sagrada para el nativo
Montaña de mil historias
Te protege con su sombra
A la caída del sol.

"Desearía Ser Gaviota"

Desearía ser gaviota
Y poder surcar el mar,
De la música ser nota
Y vivir en un cantar.
Desearía ser la brisa
Y envolverte con el viento,
Desearía ser la vida
Y poder parar el tiempo.
Desearía ser un sueño
Y envolverte en fantasías,
Detener en hoy el año
Y cubrirte de alegrías.
Desearía en un segundo
Recorrer el universo
Y soñando tú a mi lado
Despertarte con un beso.
Desearía yo quitar
De este loco carnaval
Esa máscara de moda
Y ese tonto antifaz.
Desearía ir volando
Y hacer llover ilusiones
Sobre un verso cabalgando
Y de rienda mil canciones.
Desearía ser gaviota
Y poder surcar el mar
De la música ser nota
Y vivir en un cantar.

“Expresión insensible”

Con expresión insensible
Me dice que soy, pero no sabe
Que si un cabello suyo se rompe
Duele mi corazón.
Que soy dura, que soy fuerte,
Me río de tal respuesta
Hasta la dura piedra
Se rompe, se agrieta.
Si sufre, si llora,
La pena viene conmigo.
Rayito de sol que alumbras
Igual la senda de ambas
Ilumina su camino
Para que nunca se caiga
Pues cada golpe en su vida
Son mil golpes a mi alma.

“Corazón Traicionero”

(Serenata)

Ah corazón traicionero
Yo que quise guardarlo
En secreto
Y hoy con tu serenata
Le cuentas mi amor.
Si mañana le encuentro
En la calle
No podré ya ocultar
Lo que siento
Y en mi alma desnuda
Verá que fui yo
Quien le vino a cantar
Esta noche
Canciones de amor.
Ah corazón
Te pedí fueras discreto
Y estás aquí
Al pie de su ventana
Contándole este secreto
Latido a latido
Cantando tu indiscreción
Tu cómplice mi guitarra
Robando acordes al viento.
Ah corazón
Si mañana me mira a los ojos
El alma al descubierto
Ya no esconderás sentimientos
Suerte, suerte corazón.

"Un ángel"

Un ángel llegó a mi hogar
Sin escalas desde el cielo,
Llegó para iluminar
Mi sueño y mi desvelo.

Cambia en un suspiro
Hasta mis peores momentos
Y siento cuando respiro
Amor en mis sentimientos.

Un ángel me vigilaba
Curioso entre luceros,
Yo aquí mientras le esperaba.

Llegó quedándose para siempre,
Llegó cuando fué su tiempo
Pues se formaba en mi vientre.

"No todos los días"

No todos los días
Soy alegre
No todos los días
Canto
Hay días que suelto
El llanto
Y hasta el rayo de
Luz hiere.

"Cuadros A Mi Manera"

Yo no sé pintar
Con plumones
Con lápices
Ni pincel
Yo pinto con
Palabras flores
Y en verso
Lo que sale del alma
Lo que no
Se puede ver.
En verso yo pinto
Sueños que traigo
Dentro de mí
En prosa
Pinto vidas
En poesía
El amor
Y entre sueños
Y poemas
Yo me pinto
Como soy.

"Contra natura"

Es contra natura
Llevar al camposanto
El cuerpo de
Un niño.
No se cuanta fe
Necesito
Ni siquiera se
Cuanta tengo conmigo
Para llevar
El dolor a cuestas
Y seguir
Estando vivo.

"Apagaré Las Luces"

Quisiera apagar todas
Las luces de la ciudad
Para ponerme a mirar
A placer las estrellas,
Encontrar en una de ellas
Tus ojos, tu pelo,
Y formar con palabras
Divinas el más bello
Astro del cielo,
Perderme en las
Suaves locuras
Y dibujar entre
Sueño y desvelo
Un corazón de luceros.

"Los Retratos"

Si quieres viajar en el tiempo
-me dicen-
Lee libros fantásticos.
No necesito leer libros,
Tan solo
Abrir mi álbum de retratos.
Los retratos me transportan,
Me vuelvo niña de pronto,
Acortan la distancia,
La sonrisa de los niños
Ilumina la estancia
Y en los ojos de mi madre
Veo mis ojos
Y los ojos de mi hija
Reconociendo la herencia.,
Los Retratos me hipnotizan,
Igual me hunden en llanto
Que me provocan la risa,
Me miran los ya muertos,
Parece que reviven,
Y juntos recordamos el momento
Del retrato.

“Luz De La Casa”

No sé cómo empezar
A escribir lo que siento
Cuando te veo jugar
Dulce niño inquieto.

Como relámpago te ves
Pasar por la habitación
Y superhéroe te crees
En película de acción.

Si quiero atraparte buscas
Como salir del embrollo
Y ligerito te escapas
Simulando ir a caballo.

Eres la luz que ilumina
Con su tremenda energía
Cada rincón de la casa
Cada momento del día.

"Te Imagino"

Te imagino en la montaña
Respirando el aire fresco
Con la luna a tus espaldas
Y el sol renaciendo
En la mañana.
Te imagino recorriendo
Ciudades que por tierra
Jamás visitaras
Deslizándote en el viento
Degustando los platillos
Más extraños
Que encontraras.
Te imagino por las calles
Con un suave caminar
Sin prisa por los años
Que ya no has de pasar.
Así te imagino desde
Que fueron tus cenizas
Arrojadas sobre el mar.

"Joven Corazón"

Dos puñales han herido
Tu joven corazón
Y descubriste que puedes morir
Y seguir vivo,
Contrario a la razón.
Del cielo
Hacia la tierra
Como un ángel que cayó.
Sangrante está la herida
Que el tiempo
Aún no borró.
Pero sigue latiendo
En cada vena
La vida que Dios te regaló
Y amigos son los días
Que traen como regalo
La dicha del olvido
La esperanza de otro amor.

"Mi Hermano"

En los mejores recuerdos
de mi infancia
estás tú.
Aquella banda sonora
Con la familia
Cota Miranda,
Instrumento improvisado
Con palo y lata
Y unas viejas maracas
Marcando la nota extraña.
De aquel callejón
La esquina
Que tantas memorias
Guarda.
Desde casa a esa esquina
Te seguía
Muy segura
Que eras mi fiel Guardia,
Mientras estabas conmigo
No había
Temor a nada.
En los mejores recuerdos
De mi infancia
estás tú.
Si querías jugar luchas
Pues, tenías que
Aguantarme
Y dejar que yo ganara,
Si no era así
La cosa
Mejor yo no jugaba.
Ya los años
Han pintado
Nuestras cabezas
De plata,
Las arrugas
nuestras frentes
Han llenado
De añoranzas
Y en los recuerdos
De infancia
Por siempre
Tú me acompañas.

"Una Canción de Amor"

Voy a escribir una canción de amor
Dulce y tierna para tu voz
Que no hable de rencores
Ni daños ni sinsabores.
Voy a escribir una canción de amor
Sin secretos en el alma,
Sin amores escondidos
Ni traición que se reclama.
Que sea suave como el viento
Que no duela el corazón
Ni tiemble el sentimiento
Simplemente una canción
De AMOR.

“Amor Tranquilo”

Corta un mechón
De mi cabello,
Que tus manos
De artista
Jueguen con mi pelo.
Amor tranquilo,
Amor sereno.
Como lluvia de estrellas
Luce mi cabeza
Cuando tu arte
La mezcla.
Estrellas de plata
Contando historias,
Historias que se
Entrelazan.

"El amor y el mar"

De las personas que al ver el mar
Recordaban un amor
Siempre me reí
Arena, sal y agua
No tenían nada que ver
Con el "amor".
Y fui a la playa
Y el mar me recordó
A ti,
La fuerza de las olas
Tu temperamento,
La brisa sobre mi piel
La frescura de tus pensamientos.
En un murmullo
Como eco de caracol
El mar habló conmigo,
Me dijo – mira al horizonte-
Y en el último rayo de sol
El mar escribió tu nombre.

"Solo una mirada"

Dos extraños cruzamos la mirada
Aquella tarde,
Cupido realizó el trabajo
Necesario
Dejando enlazados
Los amantes.
Me sentí princesa rescatada,
Flores de colores
Brotaron de la nada,
El asombro me extasiaba
Al ver
Todo lo que cambia
Por solo una mirada.

"Una Espina"

Una espina se me ha clavado
Cerquita del corazón,
Si en medio me hubiera dado
Habría muerto para el amor.
Aunque el dolor es muy fuerte
No te sientas halagado
Este dolor no es de muerte,
Digo, si estabas preocupado,
Por suerte para mi suerte
La ilusión no ha acabado,
No eras tan importante
Mi corazón se ha salvado.

“Presiento”

No necesito saber
Que es mi último día
Para presentir la muerte
La siento en mis huesos
La veo en mi frente
Con anhelo la espero
Y así, descansar por siempre.

"¿En Dónde Está Mi Niño?"

¿En dónde está
¿La sonrisa de mi niño?
-Está en el viento
En la brisa del mar,
Escucha su acento
Siéntelo al respirar-
¿En dónde están sus ojos?
¿En dónde su hablar?
-Su hablar está en los trinos
De aves pasajeras
Sus ojos son dos estrellas
Que no te dejan de mirar-
¿En dónde está mi niño
¿Que no viene por sus juegos?
-Tu niño está en el cielo
Con ángeles eternos
Jugando sin parar-
¿En dónde está mi niño,
¿No escucho sus pisadas?
-Su pisar esta fundido
Con la tierra que lo cubre
Siéntelo al caminar-.

"Mirada De Fuego"

Mi princesa tiene
Fuego en la mirada
Temple de diosa
Firme pisada.

No es frágil ni débil
Cual cuento de hadas
En su pelo reluce
La noche estrellada.

Su hablar sobresale
En todas las charlas
Pero suave se mece
Si acierto abrazarla.

Se vuelve de dulce
Me atrapa, sonríe
Y en sus ojos descubro
Su mirada de fuego
La fuerza de su alma.

"Si Tus ojitos se cierran"

Si tú murieras…

Si tus ojitos se cierran
Mi alma se quiebra
El dolor me cubre
Como espinas, como hiedra.
No soporto la idea
De perderte un día
Si eso pasara
Se va la alegría.

Si tus ojitos se cierran
La noche se vuelve
Compañera eterna
La luz se muere
En toda la tierra.

El cielo me ampare
De tal sufrimiento
Y nadie compare
Nada con esto.

"El lado oscuro de la luna"

Estoy viviendo en el
Lado oscuro de la luna
Desde aquí cuento en
Silencio las estrellas
Una a una.
Nada interrumpe la paz
De mi penumbra,
Nada interrumpe
Mi sombrío espacio
Solo la muerte
Con su helado manto
Como escarcha suave
Cubrirá mi canto.
Cubriendo de frío el alma,
Cubriendo el sentimiento.

"Cerrarás mis ojos"

Quiero que cierres mis ojos
Por última vez abiertos,
Quiero que cierres mis ojos
Y me despidan mil besos.
Sentirás mi piel aún tibia
Como si solo durmiera,
Háblame quedo al oído
Y méceme a tu manera.

"Piel con piel"

Piel con piel
Intento borrar el miedo
Que siento
A la soledad que viene,
El miedo se siente fuerte
Pues hay sombras de muerte
Rondando por las paredes.
Como noche que se avecina
Cubriendo la habitación.
La almohada quedará fría
Y habrá destellos de vida
Brillando en tu corazón.
Solo te pido una cosa
Que debes cumplir amor
Vive pleno
Vive fuerte
Ya que un día dirá tu suerte
Te toca descanso eterno.

“Te cantaré en Prosa”

Voy a cantarte en prosa
Porque en verso
No me alcanza
Para encontrar
La alabanza
Que rime
Con este amor.
Se confunde mi cabeza
Y revuelve tiempo a tiempo
Sentimiento y razón.
Cerebro y corazón
Se alinean cual planetas
Eclipsando con su sombra
Todo intento de poema
Que mi pluma procuró.

¿Por qué?"

Porque no te dije
Mil veces que te amaba
Si mil veces al día
¿Lo pensaba?
Porque deje pasar
Las horas en nada
Si solo tú mis horas
¿Las llenabas?
Porqué corte
Aquella flor
Que me dijiste
¿No cortara?
Dijiste que la dejara
Brillar con esplendor.
Si hubiera sabido
Tal vez, que te marchabas
Las cosas que no hice
Las cosas que callaba
A tus pies las regaría
Como alfombra
De perlas nacaradas.
Pero te has ido
Hoy tú estás helada
Y mi corazón en llamas
No encuentra su destino.
La muerte me ha dado
La lección más dura
Que en vida he tenido.
Si hubiera……..
Porque?..........
Palabras huecas
Que no sirven

Para nada,

"Me Gustas"

Me gustas como para leerte
En voz alta, como cuento
De princesas que no daña,
Como canción de amor
En nota alta, me gustas
Para leerte letra a letra
De madrugada.

"Dos Senderos"

¿Y si no hubiéramos cruzado
¿La mirada aquella tarde?
¿Y si no hubiéramos andado
Por la misma calle?

¿En qué esquina del camino
Decidimos voltear al mismo lado?
No sé qué hubiera pasado
Si fue suerte o fue destino.

¿Y si no te hubieras prendido
De mis versos?
¿Y si no hubieran ocurrido
Aquellos besos?

No estaríamos ahora
En una misma ruta
Convertidos dos senderos.

“Ya no escribo”

Ya no escribo sobre muerte,
Mucho menos
Poemas de amor,
Mi inspiración era verte,
Cerca o lejos
Con dolor
O dulcemente.
L a vida me engañó,
Ese giro tremendo
Que dio
Lo dio maliciosamente
Llevandose las letras
Las frases fascinantes,
Los puntos
Y las comas,
No encuentro
Medio de comunicación,
No escribo sin tu esencia,
Sin tu voz en el jardín,
No canto más
Nuestra canción,
Extraño tus besos,
Tu mirada sobre mí.

“Tus Manos”

Un día de tu mano
Conocí el amor primero
Caminando entrelazados
Por las calles de mi pueblo.
En tus manos se quedó
Mi piel de niña
Transformándome en mujer
Y en tu eterna compañía.
A tus manos entregue
Mis tesoros más preciados
Son tres joyas que la vida
Por amar me ha regalado.
Ahora apoyo en ellas
Mi caminar cansado
Y al final de mi camino
Me arropan tus manos.

"Mi corazón se irá"

La muerte juega
Entre mis letras,
Como una amiga
Camina a mi paso.
Nunca he sentido temor
Ni siquiera de su abrazo,
Hasta hoy que viene
Por el ser amado,
Me envuelve el terror
Como un tornado,
En medio la calma
Incertidumbre al lado.
La furia anida
En mi cabeza.
¿Y en mi corazón?
En mi corazón
No quedará nada
Mi corazón se irá
Cuando todo
Se dé por terminado.

"Canción de cuna"

Duerme duerme tranquila
Niña bonita
Que todas las noches
Un manto de estrellas
Te hará compañía.

Duerme duerme tranquila
Niña bonita
Que las estrellas
Como joyas de plata
Están adornando tu habitación.

Las estrellitas
Son bendiciones
Que los Ángeles dejan
Sobre tu camita.
Duerme duerme tranquila
Niña bonita.

"Estoy muerto"

Se que estoy muerto
Y camino,
No entiendo la razón
De mi destino.
Y si muerto duele
Imaginen como duele
Seguir vivo.
Muero pero vivo,
Es acaso que
La vida quiere
Cobrarme la dicha
Que he vivido?
Vida, vivo, vivido
Parece juego de palabras
De algún niño.
El caso es que estoy muerto,
¡Levanten plegarias
Por este
Muerto vivo!

"Estoy cansada"

El ocaso llega a mi puerta
Estoy cansada, muy cansada
Quiero irme con la noche negra
Y no regresar al alba.

No me pesan los años
No me pesan las canas
Me pesa el alma.

Me iré contigo
Amiga de la guadaña,
No cuenten aquí conmigo
No volveré mañana.

"Como el poeta"

Como el poeta aquel
De Guillermo Aguirre y Fierro
Así yo también quiero
Robarle inspiración
A la tristeza.
Arturo, el bohemio
Del brindis de año nuevo
Comparte conmigo
El sentimiento
Que habita en un rincón
De la cabeza,
Bastante romántico
Por cierto
Pero adornado con
Destellos de muerte
Y de aspereza.
El destello parece irrelevante
Si pone como tema
Por delante
Siempre el amor
En todos sus desplantes

"Danzando con la muerte"

Danzando con la muerte aprendo
Los mejores pasos de la vida,
Este ritmo me motiva
Y saca lo mejor de mi intelecto.
Baile de la muerte con la vida
Fluye el movimiento,
Se vuelve sensual, lento
Me envuelve, se torna casual,
Combina nostalgia y alegría.
Baila la muerte baila la vida,
Siguiendo el compás intento
No perder un minuto día a día.
Nada hay más bello
Volviendo eternos los instantes.
El grueso de un cabello
Separa a los danzantes.
Danzando con la muerte aprendo
A vivir intensamente.

Me voy convirtiendo
En páginas
De un libro
En borrador
Que no se acaba
De editar
Por cuestiones
De temor
A las últimas palabras
Que marquen
El final.

Made in the USA
Columbia, SC
08 April 2025